O baile do porco-espinho

e outros poemas

Sérgio Capparelli

O baile do porco-espinho

e outros poemas

Ilustrações de Mariana Massarani

VIA LÁCTEA

Texto de acordo com a nova ortografia.

Ilustrações: Mariana Massarani
Revisão: Jó Saldanha

CIP-Brasil. Catalogação na publicação
Sindicato Nacional dos Editores de Livros, RJ

C247b

    Capparelli, Sérgio, 1947-
        O baile do porco-espinho e outros poemas / Sérgio Capparelli; ilustração Mariana Medeiros Massarani. – 1. ed. – Porto Alegre: L&PM, 2021.
        28 p. : il. ; 27,5 cm.

    ISBN 978-65-5666-193-3

        1. Poesia. 2. Literatura infantojuvenil brasileira. I. Massarani, Mariana Medeiros. II. Título.

21-72644   CDD: 808.899282
                   CDU: 82-93(81)

Leandra Felix da Cruz Candido - Bibliotecária - CRB-7/6135

© Sérgio Capparelli, 2020
© Ilustrações: Mariana Medeiros Massarani, 2020

Todos os direitos desta edição reservados a L&PM Editores
Publibook Livros e Papéis Ltda.
Avenida A. J. Renner, 231 – Bairro Farrapos – CEP 90.245-000
Porto Alegre/RS

Impresso na Gráfica e Editora Pallotti, Santa Maria, RS, Brasil
Inverno de 2021

SUMÁRIO

Trato com a chuva | 6
Baile do porco-espinho | 8
Dormir | 10
Bicho-preguiça | 12
Centopeia | 14
Quatro sementes | 16
Caracol | 20
Amoras maduras | 22
Sol poente | 24
Anoiteceu | 26

TRATO COM A CHUVA

Fiz um trato com a chuva,
um trato de pega-pega,
uma vez eu pego chuva,
outra vez ela me pega.

Já me cansei desse trato,
é um trato muito enjoado:
toda vez que cai a chuva,
eu sempre acabo molhado.

BAILE DO PORCO-ESPINHO

Em baile de porco-espinho,
 prefiro dançar sozinho.

Chega aqui, queridinho,
aqui, bem pertinho.

Bem pertinho, não!

Em baile de porco-espinho,
prefiro dançar sozinho.

Vem cá, meu queridinho,
me dá um abraço.

Abraço? Não dou, não!

Em baile de porco-espinho,
prefiro dançar sozinho.

DORMIR

A noite ordena aos grilos: cricrilem!
    A noite ordena aos sapos: coaxem!
        A noite ordena aos camelos: blaterem!
           A noite ordena aos gatos: ronronem!
    A noite ordena aos lobos: ululem!
A noite ordena aos ratos: guinchem!

A noite implora aos vagalumes:
por favor, apaguem essa luz,
quero dormir, mas não consigo!

BICHO-PREGUIÇA

Muito triste
ver bicho-preguiça

com urgência
de ir ao banheiro.

QUATRO SEMENTES

Eu tinha quatro sementes,
mas não sabia de quê.

Peguei a menor delas
e plantei no meu jardim:
nasceu um guarda-chuva,
num pé de amendoim.

Eu tinha três sementes,
mas não sabia de quê.

Peguei a maior delas
e plantei no meu jardim:
deu um pé de onça
que correu atrás de mim.

Eu tinha duas sementes,
mas não sabia de quê.

Eu peguei a mais verde
e plantei no meu jardim:
nasceu um pé de meia,
bah, que cheiro ruim!

Eu tinha uma semente,
mas não sabia de quê.

Peguei esta semente
e plantei no meu jardim:
nasceu este grande amor
que eu sinto por você.

CARACOL

Aonde vai, caracol,
com essa folha de papel?
Pagar o aluguel!

Aonde vai, lagartixa,
com esse lindo leque?
Descontar um cheque!

Aonde você vai, zebra,
　　com pressa e de pijama?
Comprar uma cama!

AMORAS MADURAS

Venha, vamos, está na hora
de subirmos nas amoreiras
para colher juntos amoras.
A maior parte está madura,
as verdes ainda demoram.
Pouparemos as segundas,
comeremos as primeiras,
venha, vamos, está na hora.

SOL POENTE

Já baixo, no céu,

o sol poente

espalha uma luz

de ouro fino

e o céu azul

de nuvens claras

veste-se com suas

roupas douradas.

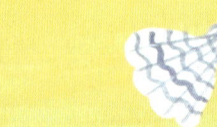

ANOITECEU

Sem pilha,
 apagou-se o dia.

A noite reclamou,
 ninguém atendeu.

Escura, ela comeu a cidade inteira

e, de barriga cheia, adormeceu.

O BAILE DAS CRIANÇAS

Neste livro, Capparelli reuniu poemas inéditos voltados às crianças pequenas. O conjunto é variado, com composições rimadas e não rimadas, apresentando diferentes formas poéticas. Temos aqui uma verdadeira celebração da alegria da primeira infância, dos pequenos prazeres que se revelam na investigação do mundo: do banho de chuva à contemplação das curiosas características dos animais; da delícia de comer fruta do pé e de ver sementes germinarem às mudanças que acontecem ao longo do dia e à chegada da noite e da hora de dormir. Apenas para, no dia seguinte, ser criança outra vez e, dando asas à imaginação, viver novas aventuras, cercada de afeto e gozando do maravilhoso espetáculo da vida. O baile se completa com as ilustrações de Mariana Massarani, que dão cor e alegria às descobertas infantis.

Sérgio Capparelli nasceu em Uberlândia, Minas Gerais, em 1947, mas morou em várias cidades do Brasil e do mundo. Trabalhou muito tempo como jornalista, e também deu aula de jornalismo em faculdades. Há mais de quarenta anos escreve livros para crianças, como *Os meninos da Rua da Praia* (1978, de prosa) e *Boi da cara preta* (1981, poesia). Vários deles receberam importantes prêmios. É o caso de *Vovô fugiu de casa* (1981), *As meninas da Praça da Alfândega* (1994) e *Duelo do Batman contra a MTV* (2004), vencedores do prêmio Jabuti, e *33 ciberpoemas e uma fábula virtual* (1996), que ganhou o Prêmio da Fundação Nacional do Livro Infantil e Juvenil (FNLIJ). Muitas obras suas receberam o selo de Altamente Recomendável da FNLIJ. Dois de seus livros constam da lista de honra do International Board on Books for Young People (IBBY). Capparelli diz que "escrevemos sobre a infância que tivemos e também sobre aquela que não tivemos".

Mariana Massarani nasceu e mora no Rio de Janeiro. Ilustrou mais de duzentos livros. Escreveu outros catorze, todos infantis. Ganhou quatro prêmios Jabuti, o prestigioso selo White Ravens – seleção internacional que reúne duzentas obras infantis e juvenis publicadas no mundo a cada ano –, e muitos de seus livros receberam o selo de Altamente Recomendável da Fundação Nacional do Livro Infantil e Juvenil. O bicho-preguiça, que ainda pode ser encontrado na Mata Atlântica, é um dos seus animais preferidos. Ela adorou fazer o desenho desse bichinho simpático que você pode encontrar nas páginas 12 e 13.